कहानी उन दिनों की...

शालिनी कुमारी
शिवानी कुमारी

Made with ♥ on the Notion Press Platform
www.notionpress.com

इस पुस्तक को मैं उन सभी के नाम समर्पित करती हूँ, जिन्होंने मुझे प्रेरित किया और मेरी कविता के सफर में साथी बने। विशेष रूप से, मेरे परिवार और शिक्षक का आभार, जिन्होंने मेरी रचनात्मकता को समझा और समर्थन दिया।

यह पुस्तक उन सभी कवियों के प्रति भी समर्पित है, जिन्होंने शब्दों के माध्यम से जीवन के रंगों को उजागर किया है और हमें यह सिखाया कि कैसे हम अपनी भावनाओं को व्यक्त कर सकते हैं।

इन कविताओं के माध्यम से, मैं उन क्षणों और अनुभवों को साझा कर रही हूँ, जो हमें मानवता के गहरे रिश्तों से जोड़ते हैं।

क्रम-सूची

प्रस्तावना

कविता मानवता की एक ऐसी भाषा है जो सीधे दिल से जुड़ती है। यह भावनाओं का एक अद्भुत संसार है, जहाँ शब्दों के माध्यम से हम अपनी इच्छाओं, दुखों और खुशियों को व्यक्त कर सकते हैं। मेरी यह पुस्तक विभिन्न श्रेणियों की कविताओं का संग्रह है, जो जीवन के हर पहलू को छूती हैं।

इस पुस्तक में प्रेम की मिठास, सामाजिक मुद्दों की गहराई और आत्मीयता की खोज शामिल है। प्रत्येक कविता एक नई यात्रा का प्रारंभ है, जहाँ पाठक खुद को शब्दों में खोते हुए नए अनुभवों का सामना कर सकता है।

कविता न केवल विचारों का संचार करती है, बल्कि हमारे भीतर छिपी भावनाओं को भी जागृत करती है। मैं आशा करती हूँ कि यह संग्रह आपको प्रेरित करेगा, आपको सोचने पर मजबूर करेगा, और आपकी आत्मा को छू जाएगा।

आपका इस यात्रा में स्वागत है!

भूमिका

कविता, एक ऐसा अद्भुत माध्यम है जो भावनाओं को शब्दों में पिरोता है। इस पुस्तक में विभिन्न श्रेणियों की कविताएं प्रस्तुत की गई हैं, जो न केवल दिल की गहराइयों को छूने का प्रयास करती हैं, बल्कि जीवन के विविध रंगों को भी दर्शाती हैं।

हर कविता एक नई कहानी बुनती है, जो प्रेम, प्रकृति, संघर्ष, और आत्मा के अंधेरों और उजालों के बीच की यात्रा को बयान करती है। ये शब्द हमारे अनुभवों, सपनों और हकीकतों का आईना हैं।

उम्मीद है कि यह संग्रह आपको एक नई दृष्टि और प्रेरणा देगा, और आप भी इन कविताओं के माध्यम से अपनी भावनाओं का अनुभव कर सकेंगे।

इस यात्रा में आपके साथ जुड़ने के लिए धन्यवाद!

पावती (स्वीकृति)

मैं इस पुस्तक को प्रस्तुत करते हुए गर्वित हूँ, जो विभिन्न श्रेणियों की कविताओं का एक संपूर्ण संग्रह है। इन कविताओं के माध्यम से मैंने अपनी भावनाओं, अनुभवों और विचारों को शब्दों में ढालने का प्रयास किया है।

यह संग्रह जीवन के विभिन्न रंगों को छूने की कोशिश करता है–प्रेम की मिठास, माँ की ममता, सामाजिक सच्चाइयों का सामना, और आत्मा की गहराइयों में उतरने की यात्रा।

मैं उन सभी का आभार व्यक्त करती हूँ, जिन्होंने इस प्रक्रिया में मेरा समर्थन किया और मुझे प्रेरित किया। मैं आशा करती हूँ कि यह पुस्तक पाठकों के दिलों में स्थान बनाएगी और उन्हें नए विचारों और भावनाओं से भर देगी।

आमुख

1. कहानी उन दिनों की...

ना जाने सायरी सुनने का सुरूर

कविताएँ लिखने में कब तब्दील हो गया

ना जाने सिर्फ कविताएं सुनना ही नहीं

दिल लिखने में भी मसगुल हो गया

जब सब थक हार के बैठ चुके

हम अपने आप को जानने चले

खुद में खुद ही झाँकने चले

जेसा देखा ना खुद को वेसे ही सांचने चले

हा माना हर ख़्वाव हकीकत नहीं होती

और ख़्वावो की परे भी एक दुनिया होती है

पर वो ख्वाब नहीं था मेरा, वही तो राग है मेरा

या ये ही जीवन भर साथ है मेरा

दिन ढलने लगी, राते बहने लगे,

और हम यू ही हवाओ के संग चलने लगे

जज्बात बहने लगी, शब्द आने लगे

और हम यू ही कविताओ की लहर में लहराने लगे

यू हंसते खेलते, ना जाने कब खिलखिलाते ये दोर हुआ

सुरु

जेसे अंबर और धरती का साथ, वेसे ही हमारा और

कविताओं का अभ्यास

हर लम्हे हर याद को शब्दो की माला में पिरोना

कोरे कागज पर साजना ये भी तो कविताओ की ही कला

है
एहसासो को शब्दों में बया केसे करे ये कविताओ से पुछो
और पूछने पुछाने की बात तो छोरो कविता रचने की कला
है जज्बातों से सीखो
जब सब थक हार के बैठ चुके
हम अपने आप को जानने चले
खुद में खुद ही झाँकने चले
जेसा देखा ना खुद को वेसे ही सांचने चले

2. कृष्णा

न गाव देखा गोकुल बरसाना जेसा
कोई नहीं इस जग में है कान्हा जेसा,
तेरी इस मुस्कान पे कान्हा मैं तो गई वारी वारी
जो तूने किया मेरी जिंदगी के वारे न्यारे,
तू मनमोहन तू नंदलाला ओ यशोदा के लाला
तेरी इस मनमोहक मुस्कान पे मैं तो गई वारी वारी
तूने अपने मधुर कोमल कदमों से मेरे घर को है तारा
ओ नंद के लाला, ओ मेरे कान्हा ओ गोपाला
तू राधा का है प्यारा सारे जग का है तू राजदुलारा
तेरी मुस्कुराहट मेरी पहचान और मेरी हर सवाल का तू ही
एक जवाब
तू है छलिया, तू है नटवर, तू ही माखन चोर, तू ही नंद
किशोर
तू मेरे चित्त का है चोर, तू है गिरधर तू गोपाला
तेरी इस मुस्कान पे मैं तो गई वारी वारी
तूने मेरे जीवन की नैया है तारी
है गिरधर, है गोपाल
मैं तो गई वारी वारी, मैं तो गई वारी वारी

3. स्कूल का आखिरी दिन

मैं यादो की किताब खोलू तो कुछ
हस्ते गाते चेहरे नज़र आते हैं
गोर से देखा तो
कुछ दोस्त पुराने याद आते हैं
याद है स्कूल का वो पहला दिन
जब हम सब रोते-रोते आऐ थे
नहीं जाना व्हा पे बस यहीं रट लगाऐ थे
जानते हो आज आखिरी दिन है स्कूल का
इतने सालो से जो साथ में पढ़ रहे थे
वो अब बिछड़ने वाले हैं
ये जो जगह है ना
जहां हम ढेर सारी मस्तियां किया करते थे
आज हम उसे छोड़ने वाले हैं
टीचर्स की डांट और ये स्कूल का टेंशन
अब दोनों से छुटकारा मिलने वाला है
शायद आज ही हमारा आखिरी मिलन होने वाला है
जो डेली साथ में खेला खाया करते थे
वो आज के बाद कभी कभाल मिला करेंगे
अब सब होली अलग-अलग मनाया करेंगे
दिवाली की रंगोलिया भी अब अलग होगी
अब ग्रुप स्टडी भी कहां हो पाऐगी
जिन्हे हम अच्छा नहीं मानते थे

अब उनकी भी याद बहुत सताऐगी
माना की शिक्षक बहुत डांटते थे
पर प्यार भी तो सबसे ज्यादा वही बांटते थे
बहुत याद आएंगे हम वो खट्टी मीठी बाते
और वो मस्ती मुलाकातें
वो annual day की तैय्यारीयाँ
और वो sports day की जबावदारियाँ
लेकिन शायद अब हम सब साथ मैं
ये सब वापस कभी ना कर पाए
पता है स्कूल बहुत प्यारी जगह होती है
आपकी क्लास खाली होकर भी खाली नहीं होगी
वो आपकी यादों से भरी होंगी।

4. नया सवेरा

हर नया सवेरा नई रोशनी हमें दिखाता है,
कुछ नया कर दिखाने का
हौसला हमें दे जाता है.
हर नया सवेरा नई रोशनी नये ख्वाब दे जाता है,
अँधेरे से छुटकारा सूर्य हमें दे जाता है।
राते भली अँधेरी हो
सुबह उजाला होना चाहिए,
रोशनी तो दीपक भी दे जाती है
दिल में ढँढस होना चाहिए।
कोई क्या सोचे, कोई क्या बोले
हमें इसकी परवाह नहीं
कुछ कर दिखाने का हममें है उत्साह नई।
हर नया सवेरा नई रोशनी हमें दिखाता है,
कुछ नया कर दिखाने का
हौसला हमें दे जाता है.
हर नया सवेरा नई रोशनी नये ख्वाब दे जाता है,
अँधेरे से छुटकारा सूर्य हमें दे जाता है।

5. लड़की हूं कोई समान नहीं

लड़की हूं ना कोई समान
क्यों करते हो ऐसा व्यवहार.
करवाते हो रोज मुझसे काम
पढाई लिखाई का नहीं है नाम।
पढाई लिखाई करके करना है क्या?
बाद में करना है घर का ही काम।
मुझे बोझ समझने वाले
क्या तुमको है लाज नहीं.
लड़की हूं कोई समान नहीं
क्या मुझे है जीने का अधिकार नहीं।
मैं एक ऐसी फूल की कली हूं
जिसे खिलने से पहले ही तोर दिया जाता है,
अगर खिली तो कहीं चोराहे पर छोड़ दिया जाता है।
लड़की हूं कोई समान नहीं
क्या मुझे है जीने का अधिकार नहीं।

6. मेरा भाई

बहुत सुना है मैंने कहानियाँ सुपरहीरो की,
और एक सुपर हीरो मेरे पास भी है।
जो सिर्फ मेरे है, सिर्फ मेरे लिए है
जिनके लिए मैं एक नन्हीं सी गुड़िया हूं
जो मेरी जिंदगी है।
हा माना की बहुत लड़ते है वो मुझसे,
पर सबसे ज़्यादा प्यार भी तो मुझसे ही करते है
अगर मे दिखू ना तो टेंशन हो जाता है।
अगर दिखू तो बोलते हैं अपनी गंदी सी सकल हटाओ।
रोते हुए नहीं देख सकते मुझे,
इसलिए तो मेरे जोकर है वो.
मुझे अगर कोई कुछ बोल दे तो
खून कर दूंगा, बहन है वो मेरी बोलके चुप करवा देते है।
मुझे ही डांटेंगे, मुझे ही मारेंगे
पर बहुत सारा प्यार करेंगे
सबसे प्यारी हो तुम बोल के मना लेते है।
मेरी प्यारी बहना हो तुम.
अगर गलती मेरी ही होना
फिर भी सॉरी पहले वही बोलते हैं
पर मैंने तो सुना था कि सुपरहीरो धरती पर नहीं रहते।
पर मेरे सुपरहीरो तो हमेशा मेरे पास ही रहते हैं।

7. गणित

कि तेरे मेरे रिश्ते की बात मैंने सबको बता दी,
कितनी मोहब्बत है तुझसे ये बात मैंने पूरी दुनिया को
बता दी,
माना की किसी वजह से आज हुए हैं हम जुदा,
पर ये वादा है मेरा तुझसे मैं तुझपे वापस जरूर आउंगी,
क्योंकि तू जिंदगी है मेरी और जिंदगी से कभी जुदा नहीं
होते।
वो π का मुस्कुराना,
वो A + B पूरा स्क्वायर का हमें कुछ समझाना,
वो त्रिज्या का वृत्त पे आना
और त्रिभुज का सर्वांगसम हो जाना
वो सतह क्षेत्र और आयतन के सूत्र का सार के ऊपर से
जाना,
वो संभावना का दिल को छू जाना,
वो एपी की प्रगति,
और वो द्विघात का समीकरण है,
वो निर्माण के कोण
और वो सर्वांगसम त्रिभुज हैं।
इन सबको खेल खेल में कर जाना जिंदगी है मेरी
कभी सोचा नहीं था कि इतनी मोहब्बत हो जाएगी तुमसे
जिसका खौफ लोगो की आँखों में दिखता था,
उसके लिए मोहब्बत मेरी आँखों से झलकता था।

अधूरी है तुम्हारे बिन जिंदगी हमारी,
और शायद हम भी.

8. शिक्षक दिवस कविता

वो मंदिर ही क्या जहां भगवान ना हो,
वो विद्यालय ही क्या जहाँ शिक्षक ना हो।
बहुत धन्य है हम जो हमें आप जैसे शिक्षक मिले।
आपसे मिलके हमारी जिंदगी बनी।
आपसे सिखा है जीना हमने
और जीने की कला भी.
हम जेसे मिले होंगे आपको कई,
आपसा हमें मिला ना दूजा कोई।
गुरु, शिक्षक क्या केह के संबोधित करू
मैं आपको
शब्द काफ़ी नहीं है ज़िक्र आपका करने को।
आपके पद चिन्हो पर चलके जिंदगी हमारी सबरी है,
आप हमारे प्रभु राम और हम आपके सबुरी हैं।
हम जेसे नालायको को भी आपने लायक बनाया है
और ना जाने कितनों को अपनी मंजिल तक पहुंचाया है।
डांटते बहुत है आप पर कभी हमारा बुरा नहीं सोचते
कभी हम कुछ गलत ना कर जाएं इसलिए हर मोर पे कुछ
नया सिखाते हैं।

9. हिंदी दिवस कविता

हिंदी से ही हिंद है
हिंदुस्तान से है हम
सरल भाषा में केहदु
तो हमारी पहचान है हिन्द.
इतनी मीठी, इतनी सुंदर
इतनी सरल भाषा ना जाना
हिंदी को अपना अभिमान है माना
शान है ये, जान है ये, सारे हिंदुस्तान की,
हिंदी हमारी है, हम हैं हिंदुस्तान की।
भाषा सुना है हमने काई
पर हिंदी सा सुना ना दूजा कोई
जो सबके मन को मोह ले,
जो सबके दिल को छुले,
ऐसी मनमोहक भाषा है हिंदी
भारत की परिभाषा है हिंदी।
हिंदी मेरी रोम रोम है
हिंदी में मैं समाई हू
इसकी मैं पूजा करती हूं,
हिन्दुस्तान की जाई हो।
'क' है हिंदी 'आ' है हिंदी
पूरी की पूरी वर्णमाला है हिंदी
हम सबकी भाषा है हिंदी

भारत की आशा है हिंदी.
सबसे कोमल, सबसे सुंदर
सबसे प्यारी भाषा है हिंदी।
रेशम की धागा है हिंदी
जिसने पूरे देश को जोरे रखा है
वो प्यार की धागा है हिंदी.
जिसको माँ की गोद से जाना
जिसको हमने अपना माना
ऐसी निर्मल भाषा है हिंदी।

10. देशभक्त जाबाज

है नमन तुझे अभिनंदन,

केसे करु मैं तेरा वंदन

तू भारत का वीर पुत्र है,

तेरी जेसी साहस किसमे,

करु मैं तेरा कोटि कोटि वंदन।

तूने पवन की वेग से दुश्मन पे प्रहार किया,

तूने तेरे नैनों की अग्नि से दुश्मन को जला दिया।

पुलवामा के 16 वाघो का बदला

तूने बालाकोट के एफ-16 से लिया,

दुश्मन के घर में घुस कर उसका सीना चीर दिया।

मिग-21 से एफ-16 को हराया है,

और पाकिस्तानियों को अपना दम दिखाया है

तेरी माँ को कोटि कोटि वंदन,

जिसने जाना तुझसा नंदन।

तूने अपनी जान पर खेलकर

दुश्मनों को किया परेशान,

है अभिनंदन हमें तुझ पर है अभिमान।

जो तूने किया वह अद्भुत था अद्वितीय था,

हे अभिनंदन वो सच में अकल्पनीय था।

ना जाने कितने फौजियों को मारने वाला ये पाकिस्तानी है,

लेकिन इन सबका बदला लेने वाला तू ही एक सच्चा

हिंदुस्तानी है।

जैसे हनुमान की पूंछ ने लंका में आग लगाई,
वैसे ही तेरी मूछ ने भारत की डंका बजाई।
28 फरबरी का दीन था,
पाकिस्तान ने अपनी हार मानी,
और तुझे वापस करने की ठानी।
वायु सेना का तू वो जाबाज सीपाही है.
जिसपे भारत की सारी जनता वारी-वारी है।
1 मार्च का दिन था,
तू लोटा था अपने वतन को,
भारत भूमि झूम उठी थी
पाके अपने अनमोल रतन को।
अपनी धरती पे पाके,
किया तुझे सम्मानित
Vir chakra देके ।

11. 2023

ये साल था बहुत प्यारा
जो आएगा कभी ना दुबारा
थोरी बहुत बिमारियो से दूर रह के
हमने ये साल को है गुजारा
साल की सुरुआत पहलवान विरोध के साथ,
फिर चला अडानी पे केस
बिमारियो से कुछ नहीं हुआ,
प्राकृतिक आपदा ने अपनी चाल दिखाई,
टर्की के 55000 लोगो को मार गिराई।
मार्च की कहानी में आया एक मोर
हमारा देश बढ़ा सफलता की ओर
बच्चों बच्चों ने किया नाटो नाटो पे डांस
और हमारे देश को मिला डबल ऑस्कर अवॉर्ड।
अप्रैल में आई आतिक अशरफ की बारी,
हाई सिक्योरिटी में तीन लड़कों ने गोली उनको मारी।
मई में भारत को मिला नया संसद,
मणिपुर में बढ़ा बेशर्मी का घटनाकांड।
After may bro it's June
No it's so accidental zone.
बालासुर में ट्रेन आपस में टकराई
अब तो लोगो के जान पे बन आई
जुलाई में एलन मस्क ने खरीदा ट्विटर

अगस्त में आया भारत का गौरवशाली बात,
इसरो ने चंद्रयान 3 को
छोड़ा चाँद पे और बनाया एक और इतिहास।
सितंबर में आई जी 20 की बारी,
देश विदेश से लोग देखने आऐ
भारत की कलाकारी
अक्टूबर थी थोरी हेक्टीक वाली,
इजराइल और फिलिस्तीन में हुई लड़ाई
नवंबर ने की टी 20 की तैयारी,
साड़ी मैच जीत के फाइनल मैच हारी।
भारत की संसद
So beautiful, so elegant, just looking like a wow.
और tear गैस ने किया नेताओं का moye more.

12. मेरा बचपन

जब मैं छोटी थी तब बहुत प्यारी थी।
ऐसा मैं नहीं कहती पापा की दुलारी थी।
और तो और बहुत खेला भी करती थी।
धीरे-धीरे बरी हुई समझदार बनी।
पहले दुनिया के गम से अंजान थी
अब थोरी पहचान बनी.
पापा की उंगली पकड़ के चलना सिखी थी
तो मम्मी ने बोलना सिखाया था।
पापा की परी तो मम्मी की गुड़िया कहलाती थी
बहन की बरी और भाई की छोटी सी गुड़िया थी
अब थोरी बरी हुई हू
दोस्तो के साथ मस्ती करना फ़ितरत सी बना ली हू।
अब थोरी बात भी सोच कर ही करती हूं।

13. गरीबी

चांद की तारीफ सितारों से पूछो.
खाने की अहमियत भूखे इंसानों से पूछो।
वो लोग जिनके पास खाने को दो वक्त की रोटी,
सर छिपाने को छत या,
ना हो ओढ़ने को 1m का कपडा,
उन लोगो से पूछो जिंदगी जीने का ज़रिया।
आज इस महँगाई में जहां लोग बड़े-बड़े अपार्टमेंट, मॉल,
रेस्टोरेंट बनाकर तरक्की कर रहे हैं,
वहां लोग दो वक्त की रोटी के लिए तरस रहे हैं।
किसी को हल्का सा चक्कर आ जाए
या कामजोरी हो जाए तो
बड़े-बड़े अस्पतालों में जाकर उपचार करा लेते हैं,
पर उन लोगों का कहा ख्याल आता
जिनके पास आंखे तो है पर उनमें रोशनी नहीं,
टूटे हाथ पाओ लेकर रास्ते पर बेरोजगार भूखे रहते हैं।
चाँद की तारीफ सितारों से पूछो,
खाने की अहमियत उन भूखे गरीब इंसानों से पूछो।

14. मैं कौन हूँ

कभी-कभी मैं अपने आप से पुछती हूं
"मैं कौन हूँ"
क्या मैं एक डॉक्टर हूं,
या एक वैज्ञानिक?
क्या मैं काली, दुर्गा या सरस्वती हूँ?
क्या मैं कुछ नहीं?
या मैं ही सब कुछ हूँ!
क्या मैं अरबपति हूं?
या भिखारी?
क्या मैं एक महान भगवान हूँ?
या विश्व निर्माता?
आख़िरकार मुझे पता चल ही गया
कि मैं एक इंसान हूं,
मे एक लडकी हूँ।
मैं ही काली, दुर्गा और सरस्वती हूं।
मैं भगवान नहीं हूँ,
विश्व निर्माता नहीं,
लेकिन हां मैं दुनिया का भविष्य हूं।
मै कुछ नही
लेकिन मैं ही सब कुछ हूं
क्योंकि मैं एक लड़की हूं।

15. माइक्रोबायोलॉजी

बात हो अगर एटम और मोलेक्यूलस की,
तो याद आती है केमिस्ट्री,
पर बात हो अगर जीव जंतु की,
तो पिच्छा ना छोड़े माइक्रोबायोलॉजी।
वेसे बड़े बड़े जीव जंतुओ की पढाई तो होती ही है।
लेकिन किटानु जो हमें हमारी आंखों से दिखते नहीं,
उनकी पढ़ाई भी कहां हमसे छूटती है|
वेसे देखा जाए तो लगभग सब चीज़ों के आकार होते हैं
एक,....
पर जनाब इनके तो आकार भी अनेक।
आकार में छोटे,
काम में बड़े, और काम ही नहीं,
इनके तो नाम भी बड़े।
थियोमार्गॉनिटा मैग्नीशिया,
माना नाम थोरा अजीब है
पर ये भी सजीब है.
जिंदगियां जिंदगी से हाथ धो रही है,
बिमारियां जिवाणु के कारण फेल रही है
डेंगू, मलेरिया, टीबी से परेशान है सरीर,
लापरवाहियो से स्वास्थ्य सुधरेगा नहीं फ़िर।
सारे जीवनु होते नहीं अपकारी,...

राइजोबियम, यीस्ट, क्लोस्ट्रीडियम जैसे भी कुछ होते हैं गुणकारी।